JOSÉ MARÍA CACHO
# RESUMEN ESTADÍSTICO DEL DEPARTAMENTO DE GRACIAS
## (1857)

**ERANDIQUE**
COLECCIÓN

**RESUMEN ESTADÍSTICO DEL DEPARTAMENTO DE GRACIAS (1857)**
JOSÉ MARÍA CACHO

©Colección Erandique
Supervisión Editorial: Óscar Flores López
Diseño de portada: Andrea Rodríguez
Administración: Tesla Rodas y Jessica Cordero
Director Ejecutivo: José Azcona Bocock
Segunda Edición
Tegucigalpa, Honduras—Noviembre de 2024

# CACHO, UN HOMBRE QUE AMÓ A HONDURAS

*Por RÓMULO E. DURÓN.*
*(De su libro Honduras Literaria, Tomo Uno).*

Casi nada he podido averiguar acerca de la vida de este notable hondureño.

Sólo sé que nació en Choluteca, que era muy amante de su país, que cultivó las ciencias y las letras, que fué Ministro General del Gobierno de Honduras en 1829, que fué Ministro del Presidente, General don Trinidad Cabañas, por los años de 1851 y 1852, que fué unas de las personalidades más sobresalientes del Partido Liberal Centroamericano, y que en 1834 tenía escrita una obra intitulada Resumen estadístico, corográfico é histórico del departamento de Gracias, de cuyo paradero no hay noticia.

A propósito de esta obra escribió Mr. E. Geo. Squier lo que sigue: "Después de la independencia, don José del Valle y posteriormente don Alejandro Marure, dedicaron su atención al estudio del país (Centro-América), bajo su aspecto físico, y á la reunión de datos ilustrativos sobre su riqueza y condición política; pero excepto una memoria sobre el Canal de Nicaragua y una breve lista cronológica de algunos acontecimientos históricos de Centro-América, no tenemos nada de Marure, aunque se dice que escribió bastante en común con Valle respecto de todo. El único nombre que merece ser mencionado, es el de don José María Cacho, como el solo hijo de Centro América que ha hecho un trabajo completo del departamento de Gracias. Sus breves notas acerca de él son de grande interés y pueden servir como un modelo que deben seguir sus conciudadanos".

# PRÓLOGO

*Por: MIGUEL RODRÍGUEZ (Historiador).*

Don León Alvarado, quien fuera uno de los hondureños más sobresalientes del siglo XIX, en el comienzo de una historia y la comunicación transatlántica, e inmerso en una etapa de gestación del Estado de Honduras, en el año de 1857 publicó uno de los libros hondureños, que, por su antigüedad y contenido, tiene un lugar importante dentro de la primitiva bibliografía nacional.

Se trata del *"Resumen Estadístico del Departamento de Gracias"*, escrito por José María Cacho en 1834, editado y publicado "precedido de una Compendio Elemental de Estadística" de León Alvarado en la Imprenta Braudier, París, 1857.

El libro constituye un importante relato descriptivo desarrollado por José María Cacho cuando, siendo jefe político del Departamento de Gracias en 1834, y por disposiciones federales, levantó este importante trabajo, único en la historia, compuesto conceptualmente de tres partes — estadística, corografía e historia — y un mapa.

Cacho escribió este relato singular sobre una región de Honduras. Desarrolló un padrón del departamento de Gracias, diferenciando la población por pueblos y distritos, asentamientos y distancias. Recorrió la geografía, describió sus valles y montañas, sierras y fronteras. Se remontó al siglo XVI, observó la "triste historia de Lempira", los censos del siglo XVIII y comprendió la agitada situación demográfica del Departamento, el más habitado de los 7 que componían el Estado de Honduras en 1834.

Cacho nació en 1800 en el seno de una familia acomodada de origen criollo. Fue militante de la primera generación liberal centroamericana, amigo de Francisco Morazán y funcionario en muchas ocasiones en la incipiente estructura gubernamental hondureña. Fue Ministro de Economía y Guerra cuando José Trinidad Cabañas introdujo una serie de nuevas propuestas políticas en favor del "progreso", incipientes intentos liberales encabezados por el estado, como el ansiado y hoy frustrado camino de hierro transatlántico y un serio acercamiento diplomático a Washington, Londres y París.

Siendo Honduras un estado gestado como un drama nacional que sustento las bases de un país en una constante indefinición política, motivada por facciones, guerras y, nombró a León Alvarado Enviado Extraordinario y Ministro Plenipotenciario en Washington el 7 de febrero de 1856, periodo en el cual, entre otros diplomáticos, comenzaron las negociones por la instalación del Ferrocarril Nacional.

Para este momento Alvarado había aprendido inglés; se dispuso a traducir el importante libro sobre "Honduras y El Salvador…" escrito por George Squier, el mismo que desarrollo teóricamente los fundamentos del Ferrocarril y a quien había conocido personalmente durante su paso por Honduras en la década de 1850.

La intención de León Alvarado era disponer de información sobre Honduras en miras a utilizarla para una mejor administración y conocimiento de la sociedad. Información que hasta ese momento era escasa y extranjera. Dispuso publicar el trabajo de José María Cacho elaborando una breve introducción, diseñando un libro que se convirtió en uno de los antecedentes más antiguos de nuestra bibliografía.

Un libro hondureño del siglo XIX antecedente inmediato a la elaboración de censos y levantamiento de información de la segunda generación de liberales precedidos por Marco Aurelio Soto y Ramon Rosa.

La obra de Cacho ha sido reproducida en diferentes periodos de la historia. Conocida por ilustres como Ramón

Vallejo, Rómulo Ernesto Durón y Rafael Heliodo Valle. Primariamente fue publicada en La Gaceta de Honduras en marzo de 1855. La edición de París 1857 y posteriormente reproducida por Durón (1896) —sin la parte de León Alvarado —.

Hasta hoy que, en una edición aumentada es auspiciada por la Colección Erandique. Un importante aporte al rescate de los libros antiguos hondureños y que valen la pena su reproducción en nuestro siglo.

La edición 1857 es importante por la intención de Alvarado de rescatar un trabajo, promoverlo como ejemplo, incentivando la producción del conocimiento estadístico en Honduras. Sus ideas políticas sustentaban al Estado solo a través de una buena administración, misma que solo podría lograr a través del orden y progreso. Alvarado entendió que solo el conocimiento permite una buena administración pública. Y lo resume con una magnifica cita a Goethe: *"Las cifras no solo gobiernan al mundo, sino que enseñan como el mundo es gobernado"*.

Esencialmente León Alvarado dimensiono el trabajo de Cacho desde la estadística, una rama del conocimiento nueva y en boga en su tiempo debido a sus aportes -técnicas y conceptos- esenciales para el entendimiento de las sociedades, grupos humanos, mercados, gobiernos y estados.

La introducción "Elementos de Estadística", detalla conceptos, ideas y formas, considerase una guía para practicar el levantamiento de información y análisis de cuadros estadísticos en Honduras.

Su estancia en Europa terminó y en su regresó a Honduras "nombrado comisionado para arbitrar una controversia entre Guatemala y El Salvador el mismo año de 1862" introdujo la nueva edición del libro que por los vaivenes de la historia de Honduras no fue reproducida hasta hoy.

La carrera de León Alvarado y José Marica Cacho, personajes de esta historia, es una luz al pasado y un periodo de la historia de Honduras todavía por indagar. Alvarado fue declarado "Benemérito de la Patria" por el Congreso el 19 de marzo de 1863. Murió en Londres, después de un fatigoso viaje en 1870. El otro, la historia dispuso olvidarlo casi por completo.

Esta historia, invita a conocer sus personajes, al estudio de las evidencias de muchos hondureños y su aporte a la sociedad de su momento. Invita a ver la historia desde las vidas de quienes serian personajes sobresalientes en una sociedad como la hondureña, nueva y en construcción.

Esta edición 2023 recopila a modo de cierre, el artículo "José María Cacho 1800-1881, hombre de ciencia"[1] de mi autoría y que recoge datos de interés sobre el tema e invita a un dialogo sobre la bibliografía nacional.

---

[1] Versión La Tribuna Agosto 13, 2022 & Revista Rosalila 2022.

# ELEMENTOS DE ESTADÍSTICA

*Por LEÓN ALVARADO*

## CAPÍTULO I.

Definición y objeto de la estadística.

La estadística es la ciencia de los *hechos* sociales, expresados en términos numéricos. Su objeto es el estudio de la sociedad, considerada en sus elementos, su economía, su situación y sus movimientos.

Su lenguaje el de las cifras, que no le es menos esencial que las figuras a la geometría.

Ella procede siempre por números, y a esto debe su carácter de precisión y de certidumbre de las ciencias exactas. La estadística constituye una ciencia de hechos, como la historia, la geografía y las ciencias naturales. Como la astronomía y la geodesia, es una ciencia de hechos numéricos.

Se asemeja a la historia, porque, como ella, recoge los hechos presentes y pasados; pero difiere esencialmente de esta, en que, en lugar de detenerse en los acontecimientos exteriores de la vida de los pueblos, se esfuerza en penetrar en su vida civil e íntima y en descubrir los elementos misteriosos de las sociedades. Al contrario de la historia, que concentra casi todo el interés de sus narraciones a batallas y hechos militares, la estadística se ocupa de los beneficios de la paz.

La geografía tiene la mayor intimidad con la estadística. La primera describe los países -la segunda analiza las sociedades; la una diserta: la otra calcula; la una presta a la otra sus trabajos.

Pero es la economía política la que más se liga a la estadística. Las dos tienen por objeto el mejoramiento del estado social, guiando con sus luces a los poderes administrativos y políticos. Hay, no obstante, una gran diferencia entre ellas. La primera es una ciencia trascendental, que penetra en las regiones más elevadas de los sistemas especulativos, mientras que la segunda es, como hemos dicho, una ciencia meramente de hechos que enumera las necesidades de las poblaciones, su progreso diario, sus particularidades prosperas o fatales a sus destinos.

Sin embargo, pocos son los conocimientos humanos que no toman a la estadística por auxiliar. La misma economía política, la historia, la geografía se enriquecen con sus hechos y se aprovechan de sus trabajos.

La estadística se aplica a todas las transacciones sociales, desde las más grandes hasta las más imperceptibles. En la vida privada, ella toma al hombre desde su primer día, le considera como una unidad, le añade al número de nacidos, le cuenta después en el ejército, le registra entre los casados, le hace figurar en las diversas profesiones, le coloca entre las capacidades del país; y por último lo deja en la fatal morada donde cada uno figura por la última vez.

Empero sus funciones en la vida pública de los pueblos son del mayor interés. Es por sus trabajos y por sus investigaciones que se profundizan y conocen los del estado, son sus cifras los mejores argumentos y los mejores testigos que se pueden presentar al gobierno, a la asamblea, a la universidad. La falta de este medio de gobernar, es preciso decirlo, *caracteriza la ignorancia y la barbarie de un país o de una administración.*

Sin la estadística no hay buena administración posible. El hombre de estado, el publicista, el historiador la necesitan.

1°  Para conocer el país en todos sus elementos, su poder, sus fuentes de riqueza, etc.;

2°  Para mejorar los territorios, sus comunicaciones, sus medios de defensa, su salubridad, su seguridad;

3°  Para reglamentar, bajo bases seguras, el ejercicio de los derechos civiles y políticos;

4°  Para fijar la milicia;

5°  Para establecer los impuestos con equidad;

6°  Para determinar en cantidad y en valores la producción de la agricultura y de la industria, que renuevan la fortuna pública;

7°  Para apreciar el desarrollo del comercio; y procurar el de su prosperidad;

8°  Para extender o reprimir la acción represiva de la justicia, guardián del orden social;

9°  Para trazar el progreso de la instrucción pública, que mejorará a los hombres, ilustrándolos;

10° Para guiar, en fin, a la administración en la inmensidad de medidas que debe tomar sobre todos los puntos que la conciernen.

Estos numerosos y grandes intereses son los de todos los tiempos y de todos los países. Para satisfacerlos, los pueblos más remotos de la antigüedad, así como los de nuestros tiempos, han tenido que recurrir a la estadística. Ella data desde las primeras edades del mundo. La conocía el Asia, la conocía el Egipto, la conocía el imperio de Montezuma mismo.

Por más de cuatro mil años se han ejercido sus importantes operaciones sin darle ningún nombre. Fue la Inglaterra la que [en] 1669 la reconoció bajo el de *aritmética política*, que la Europa adoptó, hasta la época en que conducimos los espíritus a un estudio formal de los principios económicos, las matemáticas aplicadas recordaron el antiguo nombre de "*status*"; es decir, estado, situación, condición de las cosas; de dónde le viene el de *estadística*.

## CAPÍTULO II.

Clasificación de la estadística.

Si en los grandes estados es difícil la ejecución de la estadística, por tener una sociedad compleja, no lo es menos en aquellos en que, como el de Honduras, es todo virgen y desconocido, donde todo es necesario observarlo, descubrirlo, formarlo. Por tanto, es preciso escoger el sistema más sencillo; es decir, aquel en que las diferentes partes de la estadística se sigan según el orden que establece la unión que existe entre sus objetos; aquel en que cada una de ellas forme un todo y trate completamente una materia cualquiera, dividida y subdividida conforme lo exija su extensión y su composición elemental.

He aquí, según este método, las principales partes de la estadística:

1ª Territorio. - 2ª población, - 3ª agricultura, - 4ª industria, - 5 comercio interior y exterior, - 6ª navegación, - 7ª administración pública, - 8ª financias, - 9ª fuerzas militares, - 10ª Justicia, - 11ª instrucción pública.

*I. El territorio.*

Es el suelo natal con sus recuerdos, la patria con sus afecciones, la propiedad con sus intereses, el dominio agrícola con el trabajo, que es la fortuna del pueblo.

Este primer elemento del país es el más difícil de conocer. Pocas, o más bien, ninguna nación ha obtenido un perfecto conocimiento de él. Son muchas y mui complicadas las operaciones científicas que se necesitan para determinar la extensión de un país. Astrónomos que tracen el meridiano, geómetras que formen la triangulación y determinen las alturas y relieves, agrimensores que midan las superficies, dibujantes, calculistas, etc. Son los agentes que se requieren.

Además, al describir el estado físico del país deben hacerse las nivelaciones para los caminos, determinar el volumen y rapidez de las aguas, hacer una completa exploración para levantar la carta mineralógica, sondear para obtener agua por medio de pozos; y hacer largas observaciones meteorológicas para conocer los agentes del clima, etc.

Luces, trabajo y capitales, como se vé, se necesitan para llegar a un suceso completo. Exigirlo en Honduras, sería una ridícula pretensión; pero comenzando es como, con el tiempo, se llega al fin. Ensayar es progresar.

De tales operaciones, la estadística forma cuadros analíticos que hacen conocer:

1° El estado físico del país, sus límites, sus costas, sus montañas, sus ríos y la constitución geológica de sus terrenos.

2° Su clima, sus temperaturas media y extrema, la cantidad de lluvia que riega los campos, la presión atmosférica, los vientos y otros agentes meteorológicos;

3° Su territorio dividido físicamente, la extensión de las regiones montañosas, de los llanos y valles, de los terrenos arables y de los de repasto, etc.;

4° Su división política y administrativa, antigua y actual.

*II. La población.*

Es el alma del país. Es su fuerza, su poder, su riqueza y su gloria, si es bien gobernada.

Objeto de todos los intereses sociales, la población es la base de las operaciones de la estadística. Es necesario haber contado los habitantes de un país, para hacer la debida distribución de tierras, y para saber que fuerza opondrán a sus enemigos. Pero no es solamente conocer el guarismo de la población; es preciso, además, descubrir en esa masa las partes distintas que la constituyen, las relaciones que tienen entre sí, los movimientos que las agitan, las condiciones de su aumento progresivo o de su decadencia.

Para llegar a ese conocimiento, la estadística estudia la población,

1° En su estado actual y antiguo, comparándola a épocas diversas y durante periodos más o menos lejanos;

2° En sus movimientos interiores, sus nacidos, muertos y casados, en las ciudades o en el campo;

3° En el estado civil de los individuos, casados, célibes, viudos, niños legítimos y naturales;

4° En la diferencia de sexos en el nacimiento, en la muerte, en la viudes según el estado civil de cada uno;

5° En la diversidad de edades de los vivos y de los muertos,

6° En la mortalidad ordinaria, por enfermedades comunes o epidémicas o accidentales;

7° En el aumento medio y anual de los habitantes;

8° En la diferencia de las razas originales y de condiciones sociales, a épocas antiguas o recientes;

9° En la capacidad política de los individuos, conforme a las exigencias de la leí;

10° En la naturaleza y valor de la propiedad.

*III. La agricultura.*

Es el primero de todos los intereses de los pueblos, y por desgracia en más descuidado.

El inventario de la riqueza agrícola, es un trabajo no menos importante, ni menos penoso. Para aproximarse, pues, un poco a la exactitud, es preciso examinar:

1° La superficie de cada clase de cultura;

2° La siembra en cantidad y en valor;

3° El producto anual, total y por manzana;

4° El valor y los precios de esta producción, por departamentos y en masa;

5° El consumo de esos productos tanto en el interior como en el extranjero;

6° La explotación de los productos naturales;

Bajo estos diferentes puntos se examina después:

1° Los cereales en masa y por especies.

2° Las culturas diversas, alimenticias, industriales y de horticultura;

3° Los productos de aguardiente de la caña miel;

4° Los pastos, es decir, los naturales y los artificiales;

5° Las maderas y terrenos del estado y de particulares.

6° En fin, el dominio agrícola en general, su estado actual y en diferentes épocas.

Luego debe tratarse de los animales domésticos destinados a la agricultura, enumerar sus especies por sexos, edades, localidades, sus valores, sus productos, etc.; el valor y peso de cada especie de carne consumida por habitante, por pueblo o por departamento.

Es de esta manera como puede obtenerse el guarismo de la riqueza agrícola.

*IV. La industria.*

Que es la reina del presente siglo es objeto, de las más exquisitas investigaciones de la estadística.

La industria se divide en dos órdenes de establecimientos distintos por su grado de importancia; pero análogos por su objeto, que es la producción de todo lo que sirve a las necesidades reales o ficticias de la sociedad, los cuales son:

1° Las manufacturas y explotaciones;

2° Las artes y oficios.

Una y otros son repartidas por departamentos, por distritos o pueblos. Es la geografía industrial del país.

La verdadera estadística de la industria se divide en todas sus partes en tres secciones, a saber:

1° Los productos minerales;

2° Los productos vegetales;

3° Los productos animales.

Cada serie numera los productos manufacturados o explotados, en el orden simple o compuesto.

Cada artículo, en cada suerte de industria, comprende series de investigaciones numéricas:

1° Los valores;

2° Las cantidades.

Además de estas indicaciones especiales hai el inventario de fuerzas de que cada establecimiento dispone, el número de trabajadores, por sexo, por edad, por salario, sus materiales, molinos, máquinas, animales, etc.

*V. El comercio interior.*

Es el primer movimiento de la riqueza pública. Él se forma de ventas por mayor y al menudeo, en almacenes, tiendas y mercados:

1° De los productos de la agricultura del país;
2° De los productos de la industria manufacturera.

VI. El comercio exterior.

Se divide naturalmente en dos grandes secciones:

1° La importación;
2° La exportación

Cada una se subdivide así:

1° Las mercancías importadas para el consumo y las esportadas, provenientes del suelo o de la industria del país, constituyen el comercio especial a la importación y a la exportación.

2° Las mercancías importadas del extranjero, unidas a las esportadas, no pertenecientes ni al suelo ni a la industria del país, componen a la importación y a la exportación el comercio general.

Otra división importante, que se aplica a todo el comercio, distingue, según los transportes:

1° Las mercancías importadas o esportadas por tierra;
2° Las importadas o esportadas por mar.

Pero la clasificación más importante, es la que ofrece el comercio exterior a la importación y a la exportación, numerada:

1° Por el país de donde proviene y a donde se destina;
2° Por mercancías, según el objeto de cada una de ellas.

En el primer caso, cada país tiene su cuadro particular, manifestando por año las transacciones en cantidad y en valores, con la indicación de derechos percibidos.

En el segundo caso, cada mercancía, cada producto agrícola o industrial tiene su historia numérica, enseñado las variaciones de su importación o de su exportación.

Esos son ciertamente, los cuadros estadísticos más interesantes que pueden consultar los hombres de estado y negociantes.

*VII. La navegación.*

Esta parte de la estadística, no ocupará ningún lugar por ahora en la de Honduras. Ella la tendrá, quizá no en una época mui lejana.

Tres son los puntos principales que componen este ramo: el material, el personal, y los movimientos de la navegación.

1° El material es el conjunto de la marina mercante, cuya situación manifiesta sus progresos o sus pérdidas. Se presenta en él el número de navíos, por fechas, por puertos, con el guarismo de tripulación ordinaria, nuevas construcciones, extinciones, división de navíos por series de tonelajes, etcétera.

2° El personal, compuesto de marineros de comercio, divididos por edades, grados, etcétera.

3° Los movimientos anuales; es decir número de entradas y salidas; el de tonelajes y tripulación de los navíos yendo o viniendo del extranjero, su destino, etc.

Estos movimientos deben siempre compararse con los de años anteriores.

*VIII. La administración pública.*

Es una de las partes de la estadística que suministra más luces a la práctica de los deberes de la autoridad.

Ella comprende las instituciones de utilidad pública, clasificándolas así:

1° Establecimientos políticos, los electores, las elecciones, la cámara de diputados;

2° Establecimientos financieros;

3° Establecimientos de beneficencia pública, hospitales, hospicios, salas de asilo, montes de piedad.

4° Establecimientos de represión, presidios, prisiones departamentales, casas de corrección, casas de detención, etcétera.

La publicación de esos detalles contribuye esencialmente al mejoramiento de los establecimientos públicos.

*IX. Las financias.*

Son el hilo, si así puede decirse, de los destinos de los pueblos modernos. Ellas manifiestan en el exceso o la mala distribución de los impuestos una causa de mala administración, que son motivo de miseria pública. La estadística de las financias se divide naturalmente en tres partes esenciales:

1° Los ingresos del estado, ordinarios y extraordinarios;

2° Los gastos públicos;

3° La deuda nacional;

En el primer capítulo se enumeran los impuestos de toda suerte, su montante anual, su repartición por calidad y por habitante. En el segundo se registran los gastos, según sus diferentes departamentos. En el tercero se hace un resumen de la deuda, su aumento o disminución y su situación en diferentes épocas.

La estadística investiga igualmente el numerario en circulación, y las emisiones de nuevas monedas.

*X. Las fuerzas militares*

Que son la seguridad de la independencia del país, forman dos secciones:

1° El ejército;
2° La marina.

Esta es la parte menos difícil de la estadística. Se consideran estos dos objetos en su personal y en su material, en sus medios de conservación, en sus gastos en paz y en guerra.

*XI. La justicia.*

Presenta en su administración uno de los objetos más interesantes de la estadística. El conocimiento de crímenes y de criminales. Su naturaleza, sus medios de perpetración y las penas que les son infligidas.

*XII. Instrucción pública.*

Que es la conservadora y vivificatriz de un pueblo, y la única que puede mejorar la generación venidera, entra en las más prolijas investigaciones de la estadística. Ella la toma por años, sexos, establecimientos, instituciones, escuelas, colegios, academias, y por enseñanzas especiales.

*XIII. Los capitales.*

Esos primeros centros de civilización en el movimiento actual de comercio, los considera y los recorre la estadística dentro de sus límites y hace todas sus evaluaciones.

## CAPÍTULO III.

*Formación de la estadística.*

La formación de los cuadros estadísticos es la reunión de los hechos numéricos. Los principales son el catastro del territorio, el censo de la población, el cuadro de los actos del estado civil, el catastro de la producción agrícola e industrial, y las investigaciones administrativas.

*Catastro.*

Es el plano geométrico de la superficie del país. Su objeto es determinar la extensión de esta superficie, la naturaleza de las tierras, su destino y el valor de sus productos para apreciar con exactitud los recursos del estado, su riqueza agrícola, sus ingresos.

*El censo.*

Enumera los habitantes del país por individuos, sexos, familias, barrios, pueblos, distritos, y departamentos.

Él debe hacer constar:

1° El sexo de los habitantes;

2° Su edad;

3° Su estado civil.

4° Su profesión, oficio, funciones;

5° Su capacidad política, elegible, elector, etc.

6° Su calidad de propietario, en bienes raíces o mobiliarios.

Simples son las operaciones del censo; no obstante, difícil de obtener uno perfecto. Creyendo los pueblos que se trata de conscripciones militares o de levantar nuevos impuestos, hacen ocultaciones y lo resisten; y la autoridad, por evitar el descontento popular, obra por inducciones. En la edad es igualmente difícil de acertar. Muchas personas ignoran la suya y las mujeres en general la varían. Es, por tanto, útil que los alcaldes o municipalidades lleven registros exactos de los nacidos, muertos y matrimonios y que los parroquiales tengan la mayor exactitud.

De la agricultura, la industria e investigaciones administrativas se ha habla ya en otra parte.

Al formar los cuadros estadísticos se debe siempre tener presente, que en el fondo de ninguno debe jamás escribirse otra cosa que guarismos ordenados en columnas verticales: que tampoco se deben cruzar por líneas horizontales las columnas de los guarismos, sino es en los limbos superior e inferior en el primero para separar las inscripciones, y en el segundo para que no se confundan los totales con los parciales: que la clave del cuadro ha de enumerar o comprender todas las partes del objeto abrazado: que las inscripciones deben ser cortas y expresivas; y que debajo de la línea de los totales debe colocarse otra línea de promedios, para que se vea la relación en que se halla cada una de las partes con el todo.

## CONCLUSIÓN

Quedan ligeramente delineados los primeros elementos y la formación de la estadística. Aunque breves, son claros y podrán fácilmente conducir al objeto que se desea. Sabemos que es difícil, imposible, obtener del momento un suceso completo en Honduras, en donde se carece de luces y de medios, pero trabajando, estudiando, ensayando es como se llega a la perfección. Tírense las primeras líneas, otros las corregirán. Este es el orden que sigue el mundo.

Empero nuestro verdadero objeto, al presentar este compendio, y los datos del departamento de Gracias que lo acompañan, es el de ponerlos en manos de la juventud. Es en las escuelas en donde deseamos que se hagan conocer, es allí donde esperamos que se haga comprender a los jóvenes la importancia de la estadística, mirada en nuestro país con descuido, con abandono, es allí donde queremos que los sucesores de los destinos de la patria sepan que, como decía Goethe, <<*Las cifras no solo gobiernan al mundo, sino que enseñan como el mundo es gobernado*>>.

# RESUMEN ESTADÍSTICO, COROGRÁFICO E HISTÓRICO DEL DEPARTAMENTO DE GRACIAS

*Por José María Cacho*

## LÍMITES Y EXTENSIÓN

El Departamento de Gracias, uno de los siete que componen el Estado de Honduras, está situado al Oeste de la ciudad de Comayagua, y se termina por el mismo rumbo en una cordillera de montañas que lo dividen del Departamento de Chiquimula, Estado de Guatemala. Colocada la brújula en su centro, que lo ocupa el distrito de Gualcha, se advierte confinar por el Sudoeste con el Estado del Salvador, de quien lo separa en casi toda su carrera, el rio de Lempa: por el Sudsudeste, con el Departamento de San Miguel, del mismo Estado; y por los vientos que median entre el Norte y el Este con el de Santa Bárbara del Estado de Honduras.

Su área, prolongándose, hacia el Noroeste, desde el Departamento de San Miguel hasta el de Chiquimula, tiene una extensión de 54 leguas, y se ensancha entre Guatemala y El Salvador hasta 40 leguas, en los puntos en que más lo divide del Sudsudeste, al Nornordeste, presentando un polígono irregular, cuyo fondo encierra 1,541 leguas cuadradas, *según lo demuestra el plano* que se agrega.

## SUELO Y PRODUCCIONES

Es el terreno tan quebrado y lleno de impenetrables serranías, que cuando por disposición del conquistador Pedro de Alvarado, salió Juan de Chávez a buscar sitio en que fundar una población que sirviese de medio de comunicación entre las Provincias de Honduras y Guatemala, y habiendo caminado muchos días por entre cimas y montañas, llego a tal punto del cansancio y desesperación de su comitiva, que llenos de alegría por el hallazgo de un plano proporcionado para poblar, dijeron todos: "Gracias a Dios que hemos hallado tierra plana"[2] por cuya ocurrencia dieron el nombre de Gracias a Dios, a la ciudad que allí establecieron, y que es

---

[2] Herrera. Década 6ª foja 13 y siguientes.

ahora la capital del Departamento, distante 40 leguas de la del Estado.

En efecto, por cualesquiera partes donde se extiende la vista, se descubre apenas un pequeño horizonte, cortando por colinas y cerros escarpados o altas montañas espesamente cubiertas de una variada y frondosa vegetación. Hay una cordillera de estas, que corre S. O. a N.E. más de sesenta leguas hasta la costa del Norte; que como queda dicho sirve la línea divisora al Departamento de Chiquimula y a los de Gracias y Santa Bárbara. Su ancho es en partes de 12 a 15 leguas, y comienza a formarse entre el distrito de Ocotepeque y el rio de Sumpul; no tiene nombre determinado y es conocida por el de los caminos que la traspasan; así en cierto lugar la denominan Merendón, en otros el Gallinero, La Vereda, La Grita, Playón & es toda ella virgen, sin más poblado que el Dolores Merendón, por lo que los pinos, cedros, caobas y demás árboles que la cubren, son de mucho grueso y eminente altura. Abunda en estas y otras clases de preciosas maderas. Está poblada de pájaros canoros, y bellas figuras, distinguiéndose en cuanto a esto el quetzal, que no se describe por ser tan conocido, ya vivo o disecado. El clima es fresco; pero hay alturas excesivamente frías. El terreno es fértil, capaz de producir cuando en él se siembre, encerrando minas de oro y plata. Al poniente y como a las dos leguas de la ciudad de Gracias, se levanta otra montaña llamada Selaque, igual a la anterior; su ancho es con corta diferencia de cinco leguas, y se extiende por el mismo rumbo, otras quince hasta el lugar llamado la Canguacota, entre los distritos de Guarita y Ocotepeque, donde se desenlaza algo, para continuar en seguida hasta el nacimiento de la del Merendón; toda ella es desierta.

Por la parte septentrional hay grandes montañas que se extienden al par de la Grita hasta la costa en el Departamento de Santa Bárbara, y hacia la parte meridional son tan cerradas y ásperas, que por lo mismo había sido invencible el partido de Cerquín (Ahora llamado distrito de Erandique) a las tropas de Alvarado, si la muerte alevosa del valiente Lempira, resultado de la perfidia de los usurpadores, no debilitara la constancia de los indígenas, a quienes tanto atrevimiento dio al principio la ventajosa posición del suelo, según se dirá en su lugar.

Al terminarse las serranías por esta parte, a corta distancia del rio Lempa, ofrecen sus cimas desde el pueblo de Gualcinse y el cerro[3] de Lempira el espectáculo más bello y asombroso. Dirigida la vista sobre el Estado del Salvador, se descubre todo el en la extensión que ocupa la línea de volcanes, desde el de San Miguel hasta de Izalco, cuyo conjunto presenta como en miniatura, y al modo de las visiones ópticas, un paisaje bello y ameno.

La celeste lista que forma el mar del Sur, sirve de respaldo a estos volcanes, y a sus faldas esparcidas en el inmenso valle, se señalan las poblaciones de que han tomado nombres estos montes y otras muchas del mismo Estado. En esta muda escena, aparece el Estado del Salvador, como un pueblo animado, comercial e inteligente; y en medio de la calma y el silencio del desierto, puede considerarse muy bien su situación y de lo que es susceptible.

---

[3] El cerro de que se hace mención, es de una figura perfectamente cónica, esta frente al pueblo de Piraera antigua capital de Cerquín, y residencia de Etempica: su nombre es creíble habérselo dado los naturales para eternizar la memoria del héroe que tantos esfuerzos hizo por la libertad de su patria, y que murió en manos alevosas y homicidas. La Iglesia del pueblo está en la falda, y los indígenas conservan por tradición oral, la línea de ser este el lugar donde por un engaño se dio muerte a su caudillo. Desde el cerro de Lempira o Congolón, se determina hasta el volcán de Momotombo en Nicaragua, y casi el Estado del Salvador en toda su extensión. (Nota de la Gaceta de Honduras 10 de marzo de 1855).

Todo el país está bañado por riachuelos de diversas calidades de aguas, que forman grandes ríos, y puede decirse que el Departamento de Gracias, es la fuente o cuna de los principales de la República, que desembocan en el mar del Norte y del Sur.

El de Gualan comienza a formarse de los ríos Gila y Ticloso, y varias quebradas, que como estos, nacen del Gallinero (montaña) y la inmediata del Playón, reuniéndose todos en uno a pocas leguas de valle de Copán, que se dirige al poniente por el Departamento de Chiquimula, donde recibe mucho aumento hasta hacerse navegable. El de Chamelecón en su origen, es el conjunto de los riachuelos Techín, Coral, Chinaunte, Grita y otros que vierten las montañas de la Grita, Espíritu Santo y Quebrada Honda, Tepemechín y otros que nacen de las serranías de la derecha yendo para Omoa, cuyo camino sigue por muchas leguas a la orilla de Chamelecón: en sus márgenes hay arboledas de cacao silvestre tan bueno como el de Soconusco.

El río de Santiago llamado también de San Juan de Ulúa, se forma de la confluencia del rio Grande y el de Gracias; el primero nace en la Canguacota, y sigue enriqueciéndose con más de veinte quebradas, que vienen de la cordillera del Merendón por un lado, y la de Selaque por el otro; ofrece agua a los pueblos de Chucuyuco, Sensenti, Guayabos, Corquín, Cucuyagua, Talgua y Pejápaz, haciendo poco antes de su reunión con el segundo; este tiene su origen en los ríos de Guasabasque, la Campa, San Juan, se aumenta con los que vienen del pueblo de La Iguala y de la montaña de Selaque por la otra parte: ofrece agua a la aldea de las Flores y sigue hasta juntarse con el anterior en el punto referido.

Formado así el rio de Ulúa, corre al N. N. E. pasando junto al pueblo de Posta, continua con distancia de cinco leguas a la par de Chamelecón, por el Departamento de Santa Bárbara, donde recibe otros ríos grandes, continuando su curso hasta derramar sus aguas en el mar del Norte.

El Lempa que divide los Estados de Honduras y El Salvador hacia el N. O. nace entre Esquipulas y el Distrito de Ocotepeque: se dirige por el S. E. corre como 41 leguas hasta el pueblo de Santa Rosa, donde quiebra repentinamente su dirección hacia el S. penetra entre los Departamentos de San Vicente y San Miguel que divide, y desemboca en el Océano Pacifico a corta distancia de San Miguel: como a quince leguas de su nacimiento recibe las aguas de Sumpul, que sale de las tierras de la Canguacota, pasando entre las aldeas de Olosingo y Petacas, se une a corta distancia de ellas, a las seis leguas de allí le entra el rio de Mocal cerca de la aldea de La Virtud donde se pasa por hamaca, y se forma de las avenidas de las montañas de Guranjambala, Selaque y Guajinlaca, sin contar con multitud de vertientes y riachuelos que lo enriquecen y cuyos nombres seria superfluo referir.

El territorio del Departamento es fecundo en todas partes; encierra en su seno los tres reinos de la naturaleza y el catálogo que sigue manifiesta sus principales.

PRODUCCIONES

Minerales:[4] Los hay en abundancia y de fácil explotación y laboreo por sus situaciones. De oro, plata, plomo, hierro,

---

[4] Hace como sesenta años que el mexicano Don Juan de Lejarza sujeto de grandes conocimientos en mineralogía descubrió en las inmediaciones de Gracias, en la montaña de Campuca, una mina de Azongue, de la que llevo metales a Comayagua para manifestarlos a don Antonio Morejón: reconocido por este el cinabrio, le dio dinero para que viniese a preparar los trabajos; más el criado por robarlo, le mato en el camino, por cuya causa quedo oculta dicha mina desde aquella época. En el presente año de 1851 el Señor Don Victoriano Castellanos vecino de este departamento, hombre que ha invertido capitales y tiempo en el trabajo de las minas y que tiene bastantes conocimientos en mineralogía, ha descubierto nuevamente la mina mencionada en el mismo punto indicado, entro a ella por una lumbrera, pues la puerta no ha podido encontrarse: ha ensayado los mentales y se ha

cobre, cinabrio o azogue, amianto o algodón incombustible, ópalo de varios colores, pedernales, pórfido, mármol y otras piedras de cantería, caparrosa y yeso.[5]

## VEGETALES

Se produce el cacao, café, duraznos, membrillos, melocotones, manzanas, granadas y demás clases de frutas; lo mismo que toda especie de hortaliza: gomas como la arábiga que produce el espino blanco, llamado encantadora, copal, tecomaca y otras: cham, zarza, papelillo, jiquilite, seda, trigo, maíz, cebada y otras clases de granos cereales. Tabaco, vainilla, copalquí, sazafrás, hule, cascaras todas muy medicinales y aromáticas. Las maderas principales son: caoba, cedro, ronrón, guayacán, pinabete, cuábano, joncontín, granadillo, bálsamo, ébano, rosa, brasil, quebracho, mora y otras maderas preciosas de tinte, tabla y construcción. Hay multitud de plantas medicinales ya en sus hojas, flores, gomas y frutas como la pimienta, liquidámbar, camíbar o copaiba y drago; ya en sus raíces, leches y frutas venenosas como la cicuta, camotillo, javilla y otras muchas que no se conoce su naturaleza.

## ANIMALES

Hay toda clase de animales, de caza y pesca, siendo muy digno de notarse, que el pez llamado cuyamel o bobo, no se encuentra en los ríos que desaguan en el mar del Sur, De allí

---

encontrado ser una muy rica mina de azogue. ¡Ojala que este descubrimiento se lleve a cabo, y que obteniendo la protección del Gobierno vuelva Gracias a su antiguo ser! (Nota de la Gaceta de Honduras 10 de marzo de 1855).

[5] Últimamente en los años de 44 a 45, se ha descubierto una mina de carbón de piedra en la montaña que forma los ejidos del común del pueblo de Las Flores, distrito de Gracias, y otra de mármol en el distrito de Guarita. (Nota de la Gaceta de Honduras 10 de marzo de 1855).

se encuentran toda clase de peces de las mejores carnes. El ganado mayor, se cría mejor que el menor, acaso por falta de cuido que este requiere. Las montañas están pobladas de pitos reales, zenzontles, jilgueros, picos de navaja, animal que por la variedad de sus colores en su pico y por sus propiedades medicinales, es muy estimado; y de otra multitud de aves estimables por su canto y su plumaje compuesto de vistosos colores, siendo superior a todos en cuanto a esta última calidad, el quetzal de que ya se ha hablado y que no se halla sino en la cordillera de las montañas del Merendón.

## POBLACIÓN

Debió haber sido la población de estas comarcas muy numerosas antes y pocos años después de la conquista, cuando para resistir la invasión de los españoles, reunieron treinta mil hombres de pelea procedentes de doscientos pueblos, según se verá en la *parte histórica de esta memoria*, debiendo entenderse: que en esta cantidad de personas y pueblos, no se contaron más que los del distrito de Cerquín, que ahora es uno de los diez del departamento; pues los que están hacia al septentrión, es creíble que no resistieron, por no hacer mérito de ellos la historia.

Verificada la Independencia Nacional, a los trescientos años después, el Gobierno provisional de Guatemala, deseando reunir datos para formar la tabla estadística para que según ella se diesen los Diputados que debían concurrir al Congreso convocado por el acta de 15 de Septiembre de 1821, nombro una comisión que se ocupase de este trabajo; la cual hallo: que en los últimos censos practicados el año de 92 y que existían en la Contaduría Mayor, tenía el Departamento de Gracias cuarenta mil y pico de indígenas, y de este principio se partió para darle tres Diputados a razón de uno por cada quince mil almas, computando las otras clases por un numero infinitamente menor.

Mandado practicar por este Gobierno el último censo estadístico que se comenzó el año de 32, y se concluyó el corriente de 34, no aparecen más de treinta mil y diecisiete personas, de las cuales se cuentan doce mil seiscientos sesenta indígenas, y diez y siete mil trescientos cincuenta ladinos, notándose una enorme rebaja en el corto espacio de 41 años según demuestra en el estado de los distritos, y en el *cuadro estadístico que se agrega*, formando con las separaciones que se han creído más convenientes; advirtiendo; que habiéndose formado los padrones en tiempo de revolución, es muy creíble haya habido ocultaciones por temor de las reclutas.

Las treinta mil y diecisiete personas que habitan el extenso territorio del Departamento, están distribuidas en noventa poblaciones, contando una ciudad, una villa, cincuenta pueblos, diez y siete aldeas y veintiuna reducciones, sin enumerar algunas de estas por ser muy pequeñas y haberse reducido a los pueblos a cuya jurisdicción pertenecen. Los principales pueblos son: Ocotepeque, Cucuyagua, Guarita, Intibucá, La Iguala, Erandique, Sensenti, La ciudad de Gracias y la Villa de Santa Rosa.

De estas poblaciones, la ciudad de Gracias y la Villa de Santa Rosa son las más interesantes. La primera fue fundada por Juan de Chávez del modo que se ha referido; y el año de 1530, la pobló el Capitán Gabriel de Rojas, por interés de explotar las muchas y buenas minas de oro que se encuentran a cuatro y cinco leguas de ella, cuya fama atrajo muchas gentes; más los naturales de las inmediaciones que resistían sucumbir a la dominación de los españoles, no solo le hacían una oposición firme y tenaz, sino que le atacaron varias veces en un fuerte que se había construido para la defensa, hasta que por ultimo le obligaron a evacuar la ciudad, que volvió a poblar el Capitán Gonzalo de Alvarado el año de 1536.[6]

---

[6] Herrera D. C. 13 fojas 27 Década 6ª

Su situación céntrica entre los Estados del Salvador y Guatemala, Honduras y el Puerto de Omoa, como asimismo el valor que tuvieron algunos años los añiles que se trabajaban en abundancia, y el establecimiento de las rentas de tabaco, acrecentaron gradualmente su población y riqueza según lo demuestran los escombros de los edificios, hasta que la baja de los añiles, y la fundación de la Factoría de Los Llanos volvieron a arruinarla.

La villa de Santa Rosa el año de 1790, era no más que un páramo desierto cubierto de *ocotales*, y habitada apenas por cuatro o seis familias que como las demás de sus inmediaciones se ocupaban con acierto en el cultivo del tabaco que conducían a Gracias para entregar al encargado del Director de la renta: esta circunstancia hizo que se estableciese en este lugar una factoría de siembras, cuyo edificio que constó de diez y nueve mil setecientos pesos, se concluyó en año de 1795, siendo N. Letona el primer factor. Establecida la renta en toda forma, se aumentaron de tal suerte las siembras, que daban para el consumo de casi todo el reino, para remitir a España y aun a México. Había una introducción anual de más de 160.000 pesos: la población se aumentó rápidamente lo mismo que el comercio, y en 1823 la Asamblea Nacional. Constituyente libró el título de Villa Nacional. Las convulsiones políticas que han agitado la República, desde el año de 1826 trastornándolo todo, no perdonaron la renta de tabaco reduciendo a la nulidad el ramo más producible de la Hacienda Pública y el patrimonio de esta Villa que por lo mismo ha decaído mucho.

## ANTIGÜEDADES

¿Y que pudiera importar el conocimiento de la cronología de los reyes de estas comarcas, o el saber si los primeros habitantes de América descienden de Cam o de Sen, si vinieron de Asia o de Europa por tierra o por agua casualmente o de propósito? Opinen en buena hora como gusten, los escritores que han prendido averiguar el origen de los indios, pues ni yo querría entrar en materia tan incierta, ni es este el lugar de tratarla. Extendamos si, la vista sobre hechos más seguros y ciertos.[7]

La historia de la antigüedad ofrece no pocos hechos que merezcan recordación; pero la brevedad del tiempo y del objeto de esta memoria no me permite referir los que presenta. Quien quiera saber el origen del reino de Cerquín, dividido después en tres; la coalición que intentaron hacer con los demás de Honduras para resistir a los conquistadores de su

---

[7] Por los años de 1806 a 9, paso por Comayagua el Dr. Cabrera que era conducido a España bajo partida de registro, y habiéndose detenido algunos días por enfermedad, tuvo ocasión de entrar en relaciones con Don José María Cacho [Padre; Nota del Ed.], le manifestó la traducción que llevaba a presentar al Rey de una obra que, escrita en láminas de bronce, y en idioma hebreo, que sabía verter, encontró en las famosas ruinas del Palenque. El contenido de la obra, era la historia de los primitivos tiempos y el origen de los primeros habitantes de la América Septentrional que vinieron de la Palestina por cuevas de culebras, huyendo de las guerras que entonces había en ella, según las voces de la misma historia que pudo leer dicho Señor, aunque muy de paso, y aun copio algunas figuras simbólicas y retratos de los principales personajes. Se refería también después de algunos años volvió a su patria principal caudillo de la expedición, por la misma vía: que en seguida regreso a la América, y que habiendo encontrado que un tal Botar se había coronado de Rey, le disgusto tanto, que se ausento para no volver más. El Doctor Cabrera murió en Trujillo, y así quedo sin darse a luz una obra que casi habría deshecho las dudas que hay sobre el origen tan cuestionado de los primitivos habitantes de la América. (Nota de la Gaceta de Honduras 10 de marzo de 1855).

Por último, hay en el Departamento un objeto de admiración, cual es una fuente de un líquido rojo que vierte de unas peñas cerca de Guarita, el cual tiene todas las propiedades de sangre animal. El señor Castellanos, mando a las sociedades de Europa, unas botellas cerradas con una noticia circunstanciada sobre el líquido. Ignoramos lo que haya resuelto análisis. (Nota de la Gaceta de Honduras 10 de marzo de 1855).

patria, religión, usos y costumbres, pueden leer la década 4ª fojas 151 de Don Antonio de Herrera. Entre tanto, que nuestra consideración se fije sobre las proezas del héroe que supo preferir la muerte a la esclavitud de su patria, continuando con copiar su historia en los mismos términos que la refiere el autor citado, para modelo y honra de los hijos de este suelo, gloria y loor de abnegación y patriotismo.

"El Adelantado Montejo como se viese pacífico Gobernador de Honduras, quitó los repartimientos a cuantos los tenían por Don Pedro de Alvarado, como se dijo, y echó de la tierra todos los indios que fueron de Guatemala, y trató de pacificar los pueblos que aún no estaban seguros, en lo que uso de mucha inteligencia e industria, como persona de prudencia; y cuando pensó que toda la tierra estaba con quietud, de que mostraba mucha gloria, como lo había escrito el Virrey Don Antonio de Mendoza, se levantó un valiente indio en la provincia llamada Cerquín, en los términos de la ciudad de Gracias a Dios, situada entre las sierras, dificultosa para ser conquistada. Este indio llamado Lempira que significa señor de la tierra, convocó a todos los principales de la comarca con los cuales y los naturales, juntó treinta mil hombres; persuadiólos a cobrar la libertad, siendo cosa vergonzosa que tantos y tan valerosos hombres, en su propia tierra, se viesen en la miserable servidumbre de tan pocos extranjeros: ofreció ser su Capitán y exponerse a los mayores peligros: aseguro que si estaban unidos sería cierta la victoria, y prometiendo seguirle, unos de su voluntad y otros por temor, se comenzó la guerra y mataron algunos pocos castellanos que hallaron por la tierra.

El adelantado Montejo sabiendo el levantamiento, envió desde Gracias a Dios al Capitán Cáceres, con algunos soldados castellanos para que pusiesen a Lempira en obediencia, el cual ya había mandado fortalecer un peñón muy nombrado que llamaban de Cerquín, y desde allí se defendía con grave daño de los castellanos, que padeciendo en el sitio que duro seis meses, grandes trabajos, por haber invernado en campaña, pudiera ser que no acabasen tan fácilmente la jornada, sino aconteciera la muerte de Lempira, la cual sucedió de esta manera. Había muchos principales que le seguían en esta guerra, unos contra su voluntad porque no los tuviesen por cobardes, y otros por respetos que tenían a Lempira; y otros hubo que le dijeron que dejase aquella guerra y tomase por amigos a los castellanos, pues al cabo había de perder; pero él, era tan animoso que jamás mostró flaqueza, ni quiso dar oídos a los medios de paz que los españoles le ofrecían; antes los tenían en tan poco, que desde su fuerte los llenaban de injurias.

Visto su mucho atrevimiento y que no se hallaba modo de apoderarse de él, el Capitán Cáceres ordenó que un soldado se pusiese a caballo, tan cerca que un arcabuz le pudiese alcanzar de puntería, y que este le hablase amonestándole *que admitiese la paz que se le ofrecía*, y que otro soldado sentado a las ancas con el arcabuz le tirase, y ordenado de esta manera el soldado trabo su plática y dijo sus consejos y persuasiones.

El Cacique le respondía: que la guerra no había de cansar a los soldados ni espantarlos, y que el que más pudiese vencería, y diciendo otras palabras arrogantes más que de indio, el soldado de las ancas le apuntó cuando vió la ocasión y le dio en la frente sin que le valiese un morrión que a su usanza tenía un gallardo y empenachado. Cayó Lempira rodando por la sierra abajo, armado de aquellos sayos o coseletes de algodón bastiados muy provechosos para la guerra de indios que usan los castellanos. Con esta muerte de Lempira que el día antes anduvo muy triste, se levantó gran alboroto y confusión entre los indios, porque muchos huyendo se despeñaron por aquellas sierras y otros luego se rindieron.

Mucho antes que los españoles llegasen a aquellas partes de Gracias a Dios, los indios tuvieron noticia de ellos, y no por eso dejaban las pasiones y guerras porque en particular los de Cerquín tenían por imposible que se pudiese llegar a donde estaban por la multitud de ellos, y porque primero habían de pasar por muchas tierras, y vencer muchas gentes, y especial a los Cares y Patones; aunque entre ellos había guerra cruel en la cual tenía Lempira tanta fama de valiente que afirmaron que en una batalla mato ciento veinte hombres de su mano, y certificaron indios muy viejos que se tenía por cierto que Lempira estaba hechizado o como se dice encantado, porque en infinitas batallas en que se halló jamás fue herido ni le pudieron flechar.

Era de mediana estatura, espaldudo y de gruesos miembros, bravo, valiente y de buena razón, nunca tuvo más de dos mujeres, y murió de 38 a 40 años. Los indios tenían por cierta opinión, que si no muriera Lempira, Cerquín no se ganaría tan pronto: para esta guerra se confederó y pacificó con los Cares sus enemigos: juntó los hombres de más de doscientos pueblos, y de señores y caballeros conocidos tenía más de dos mil: su congregación fue en la *Sierra de las Neblinas*, en su lenguaje, Piraera, donde estaba una gran población cuyo señor era Etempica, que en muriendo este se dividió en muchos pueblos. Aquí se concertó la guerra y nombraron por General a Lempira, el cual muchas veces acometió a los castellanos, mexicanos y guatemaltecos que andaban con ellos y en las cuales hacía mucho daño, y los suyos le recibían; pero como eran tantos no lo echaban de ver. Alonso de Cáceres le envió una embajada rogándole que aceptase la paz, y obedeciese al Rey de Castilla prometiendo de tratarle bien: fue la respuesta matar a los mensajeros, porque no quería conocer otro señor, ni saber otra ley, ni tener otras costumbres de las que tenía; y cuando no se acertara la suerte de haberle muerto como se ha dicho, con él se pasara muy gran trabajo.

Muerto Lempira, el Capitán Cáceres envió a los señores que quedaban un presente de camisas, alpargatas, gallos y paños mexicanos labrados y cuatro lanzas; apercibiéndoles que si no obedecían morirían como su capitán. Ellos habido su acuerdo enviaron otro presente de gallos diciendo: que se querían rendir al rey de Castilla a quien ellos llamaban Acapuca, que es tanto como decir *el gran cristiano* y que pues tan valientes hombres le servían, debía ser un gran señor, y con grandes regocijos de tambores, caracoles y otras maneras de placer se pusieron en obediencia". Hasta aquí Don Antonio Herrera en su década 4ª.

Aprended centroamericanos a desprenderos de las pasiones y del destructor espíritu de partido; tomad ejemplo en la triste historia de Lempira, sabed transigiros con enemigos que jamás debieron serlo, cuando intereses recíprocos os llamaban a un solo objeto: la felicidad común que solo puede darla la unión.

# MAPA ITINERARIO DEL DEPARTAMENTO DE GRACIAS FORMADO EN 1834 POR EL CIUDADANO JOSÉ MARÍA CACHO

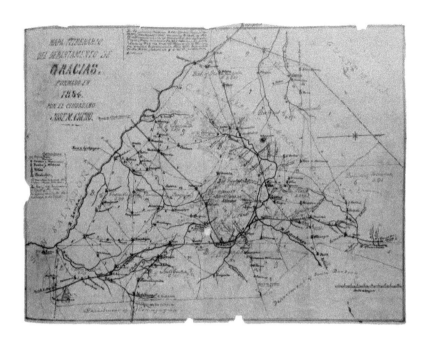

Fuente: Davidson, William. (2006). Atlas de mapas históricos de Honduras. Managua: Fundación Uno, p. 198-199.

**José María Cacho 1800-1881, hombre de ciencia.**

Miguel Rodríguez A.[8]

**Resumen**

José María Cacho (1800-1881) fue un político e intelectual hondureño quien en 1834 creó una obra alusiva al departamento de Gracias. Su "Cuadro estadístico, corográfico e histórico del Departamento de Gracias" (1857) es una de las principales fuentes históricas sobre la Honduras de aquellos

---

[8] Historiador hondureño, correo: migueljosue199525@gmail.com

años. Su larga vida pública en el siglo XIX lo convierten en un personaje importante por conocer, en miras de comprender su época esencial en la formación del Estado de Honduras.

**Palabras clave**

José María Cacho, Departamento de Gracias, biografía, geografía.

José María Cacho 1800-1881, science man

**Abstract**

José María Cacho (1800-1881) was a Honduran politician and intellectual who in 1834 created a work alluding to the department of Gracias, "Cuadro estadístico, corográfico e histórico del Departamento de Gracias" (1857) is one of the main historical sources on the Honduras of those years. His long public life in the XIX century makes him an important character to know, in order to understand his essential period in the formation of the State of Honduras. José María Cacho, Department of Gracias, biography, geography.

# Introducción

José María Cacho (1800-1881) fue un político e intelectual hondureño quien en 1834 creó una obra alusiva al departamento de Gracias. Intitulada "Cuadro estadístico, corográfico e histórico del Departamento de Gracias", publicada por P. A. Bourdier y Cía., París (1857). Se constituye como la obra más representativa sobre la geografía, historia y demografía de Gracias en el contexto de la Federación centroamericana y el nacimiento del Estado de Honduras (1821-1838) y un importante libro hondureño, debido a su antigüedad y esencia: el conocimiento y la nación.

Sin embargo, tal obra es hoy desconocida de la bibliografía hondureña a excepción de un "extracto", un mapa de referencia y una copia incompleta de su versión de 1857. El objeto de esta reseña es presentar dicho trabajo y elaborar un esbozo biográfico de su autor. Este personaje se muestra interesante para aproximarnos a conocer un periodo de la historia: el siglo XIX. Para ello se revisó documentación sobre José María Cacho y se localizó su mapa y el extracto de la obra, ubicados en diferentes lugares.

Comprendemos esta obra como la representación de una nueva forma de administración pública (1821-1838); creada en la primera etapa del liberalismo centroamericano, convertida con los años en la referencia obligatoria para la creación de departamentos en el occidente de Honduras, antecedente importante en la elaboración de mapas generales de Honduras durante el siglo XIX y XX y utilizado en la discusión de asuntos limítrofes con Guatemala (1932). Su autor José María Cacho fue uno de los primeros políticos liberales y "hombres de ciencia" en Centroamérica.

**Hacia una explicación**

La ruptura del antiguo régimen en Centroamérica (1821) determinó el curso de la historia del siglo XIX en este espacio periférico del dominio español en América. Esta transición significó entre otras circunstancias, el nacimiento de nuevos Estados nacionales y su autoridad en aspectos políticos, demográficos, sociales y hasta cotidianos en el nuevo orden. Lo que fue la antigua Capitanía General de Guatemala paso a ser un cumulo de "Estados nacionales", provistos de una cierta soberanía territorial y administrativa agrupados, después de un lento proceso, en lo que se conoció como la República Federal de Centroamérica, terminada en 1838.

Esta incipiente administración política constantemente se miró en la Guerra; motivada por las facciones y en una persistente indefinición política. En todo este panorama, la administración central del gobierno, que heredó la influencia la gaditana (1812), la influencia de las revoluciones atlánticas y las contradicciones internas provinciales se vio en la necesidad de conocer el territorio, la población y en general los recursos que disponían con el fin de consolidar sus ideales del proyecto nación.

Gracias fue fundada como una ciudad en los confines del imperio español en el siglo XVI. Fue en esta donde los españoles se enfrentaron a una coalición en una guerra por la conquista que terminó con la derrota de Lempira en Cerquín, seguida de una de las más catastróficas disminuciones demográficas de la historia del mundo.

Durante 300 años se gestó una región; el aporte indígena y el castellano junto al vasto territorio compondrían una zona con caracteres propios, tanto en política, economía y población; este último de importancia especial en la dimensión de la obra de Cacho. Gracias era la zona de mayor densidad poblacional en Honduras hasta bien entrada la época contemporánea.

En la composición territorial de 1825 las gobernaciones heredaron las fronteras del antiguo orden, las intendencias. Las gobernaciones administraban regiones enteras que en el trascurso de la evolución del siglo XIX se fueron fragmentando. La región permitió en cierta manera un sentido de identidad: Cacho connotó esta idea, entendió a Gracias como un "país".

Durante el mandato liberal centroamericano encabezado por Francisco Morazán se promulgaron e incentivaron importantes proyectos en miras al conocimiento del territorio y una compleja red de leyes, principio de la vida republicada hondureña. Este periodo se promulgó crear Juntas de Estadísticas mismas que tendrían el propósito de recoger información porque eran necesarios los "datos positivos que mantengan todas las relaciones de los pueblos entre sí para un principio común al sistema universal de leyes". (Ramos, 2006, p. 87-88). La estadística seria utilizada para usos fiscales, económicos y la guerra.

José María Cacho escribió "Cuadro estadístico, corográfico e histórico del Departamento de Gracias" cuando ejerció como jefe político de Gracias entre 1832-1834. Los medios que utilizo serían diversos. El oficial, en donde requirió la información como autoridad suprema a través de circulares a todas las municipalidades. Consultó obras como la "Historia General de los hechos de los castellanos en las Islas y tierra firme del mar Océano" (1598) de Antonio de Herrera y Tordesillas y el censo estadístico de 1792 del Obispo Fray Fernando de Cadiñanos. También Cacho conoció muy bien el departamento por su carrera militar, comercial y cotidiana.

Gracias para la década de 1830 tenía más de cuarenta municipios divididos en dos partidos, el de Santa Rosa y Gracias, sobre su demografía, Cacho nos dice:

"Mandado practicar por este Gobierno el último censo estadístico que se comenzó el año de 32, y se concluyó el corriente de 34, no aparecen más de treinta mil y diecisiete personas, de las cuales se cuentan doce mil seiscientos sesenta indígenas, y diez y siete mil trescientos cincuenta ladinos, notándose una enorme rebaja en el corto espacio de 41 años según demuestra en el estado de los distritos, y en el *cuadro estadístico que se agrega*, formando con las separaciones que se han creído más convenientes; advirtiendo; que habiéndose formado los padrones en tiempo de revolución, es muy creíble haya habido ocultaciones por temor de las reclutas". (Cacho, 1908). Los datos poblaciones de sus distritos eran: Camasca (2,577), Erandique (3,879), Gracias (4,657), Gualacha (Belén Gualcha) (1,563), Guarita (2,470), Intibucá (2,941), Ocotepeque (2,638), Santa Rosa (2,349), Sensenti (4,070) y Trinidad (2,873). (Davidson, 2006, p. 198).

Desde el principio fue vista como una obra notoria. Según Rómulo E. Durón, en sus efemérides nacionales el 15 de mayo de 1833 el gobierno acordó a "don José María Cacho una recompensa, por su obra Cuadro Estadístico del departamento de Gracias, [elaborado] en once cuadernos. Publicada en 1857 en París, Francia en la Imprenta de P. A. Bourdier y Ca, Calle Mazarine, 30; precedida de un Compendio Elemental de Estadística que escribió don León Alvarado." (Durón, 1914, p. 112). El aporte de su autor es significado por su calidad técnica. Durón reconoce su desconocimiento casi total sobre José María Cacho. (Durón, 1896, p. 156).

El gobierno de Honduras a lo largo del siglo XIX utilizó esta obra; según Ramón A. Vallejo en la delimitación de fronteras internas; departamentales y municipales y como un antecedente importante en la evolución histórica de la estadística en Honduras. Es posible que Cacho haya propuesto una fragmentación departamental por lo extenso del territorio. Esta información (sobre Gracias) es "con toda probabilidad, la razón que tuvo el Congreso extraordinario de 1869 para formar de este departamento el de Copán, y posteriormente, el de Intibucá (Vallejo, 1997, p. 71).

Rómulo E. Durón publicó este trabajo en forma de "Extracto" en su obra Honduras Literaria (1896). Comprendió a Cacho como parte de los escritores en prosa. También fue publicado en la Revista del Archivo y Biblioteca Nacionales en 1908. Es posible que el libro completo versión 1857 se encuentre en alguna biblioteca en Europa o Estados Unidos.

Epharim G. Squier, "Encargado de Negocios de los Estados Unidos para Centroamérica" (1849) quien visitó Honduras y diseño la primera propuesta oficial para un camino de hierro entre el mar Atlántico y Pacífico, conoció a José María Cacho personalmente. Menciona el cuadro estadístico y su "mapa itinerario"; utilizó esta información, proporcionada por el mismo Cacho, para la elaboración de un mapa general de Honduras y El Salvador. Comenta que "sus breves notas acerca de él, son de grande interés, y pueden servir como un modelo que deben seguir sus conciudadanos (Squier, 2009, p. 28).

Una copia incompleta de su versión Baudier 1857 se encuentra en el Archivo Nacional de Honduras[9]. Así mismo, "una segunda copia del informe está en la biblioteca de la Sociedad Geográfica Americana en Milwaukee", reunida por la biblioteca de E. G. Squier y subastada en 1876; referenciada como "Resumen estadístico, corográfico, histórico, del Departamento de Gracias. Escrito por el Señor José María Cacho, Año de 1834. Y copiado en Comayagua, 1846 por José Santiago Cisneros, 2 mapas. Folio oblongo, tablas, pp. 14").[10]

El libro publicado en 1857, sus características físicas y conceptuales tienen un espíritu divulgativo, fruto de un diplomático hondureño que publicó muchos años después la obra de Cacho. En el siglo XXI es una obra de considerable valor, un hito en la historia del libro, debido a su antigüedad y contexto.

La publicación de este libro se debe a León Alvarado que en misión diplomática y en el contexto de las primeras negociaciones del Ferrocarril Nacional editó la obra de José María Cacho; el mismo que en el gabinete de Cabañas, fuera ministro de Economía y Guerra.

Parece ser que París se convirtió en la imprenta de muchos sectores latinoamericanos, como representantes de Estados como lo es en este caso y diversos sectores ideológicos. La imprenta Braudier publicó muchas obras en español y varios catálogos de bibliotecas latinoamericanas resguardan libros de esta imprenta. Su antigüedad, lo perfila como los primeros libros sobre Honduras publicados por hondureños en el

---

[9] Maldonado, C. (Compilador) Índice del siglo XIX (1996) Secretaria de Cultura y las Artes, Instituto Hondureño del Libro y el Documento, Archivo Nacional de Honduras., p. 3

[10] Davidson, W. (2022). Gracias, 1834. [Correo electrónico, julio 7, 2022].

extranjero. A nivel centroamericano es el único de este tipo y año.

Años después "Unos Centro-Americanos" publicarían de manera similar las "Memorias, Manifiesto de David y Testamentos de Francisco Morazán" (1869) en la "Imprenta Rouge Hermanos y Comp., situada en la Rue du Four Saint Germain 43, de París".[11]

El mapa que se conserva es fruto del acercamiento E. G. Squier y Cacho. El equipo cartográfico de Squier redibujó el mapa. Años después adquirido Hubert Howe Bancroft y hoy publicado en el "Atlas de mapas históricos de Honduras" (2006) y físicamente ubicado en la biblioteca Bancroft Library. G4830 1834 .C3 Case xB, de la Universidad de California, Berkeley, C. A., Estados Unidos. (Davidson, 2006, p. 198-199).

Otra versión del mapa fue impresa por Lito Hervey (París), "Guatemala-Honduras Boundary Arbitration, 1932" (Davidson, 2006, p. 273). En 1932 la comisión guatemalteca lo utilizó para el arbitraje limítrofe celebrado entre ese país y Honduras[12].

Conceptualmente el libro se compone de dos partes. El Compendio elemental de Estadística de León Alvarado y el Cuadro Estadístico de Gracias de José María Cacho.

Alvarado hace una introducción magistral sobre la estadística, por qué levantar datos de los pueblos y una guía básica para la elaboración de cuadros; y pone el ejemplo del Cuadro formado por José María Cacho (1834). Incentiva este tipo de conocimientos para Honduras. El autor proyecta la estadística como una forma de alcanzar el progreso y la

---

[11] Versión 2022 editada por la Secretaría de las Culturas, las Artes y los Patrimonios de los Pueblos de Honduras.

[12] Tribunal Especial de Límites entre Guatemala y Honduras. Opinión y Laudo. Washington, 1933, p. 40.

"civilización" destacando a este país como un valle fértil para este tipo de conocimientos.

Este mismo autor también publicaría en París, una traducción al español de "Central America; particularly the states of Honduras and San Salvador: Their geography, topography, climate, population, Resources, productions, etc., etc., And the proposed Honduras inter-oceanic railway", del mismo Squier publicado con ese título primariamente en New York en 1855.

El texto de José María Cacho lo caracteriza su tiempo, la primera etapa del liberalismo político hondureño, siendo él Jefe político de Gracias, diseño un entramado conceptual que recabo datos impresionantes de una área geográfica y cultural compleja en relación al Estado de Honduras, especialmente por su población mayormente indígena y frontera con dos países.

Sobre la geografía de Gracias, José María Cacho concluye:

"Su área, prolongándose, hacia el Noroeste, desde el Departamento de San Miguel hasta el de Chiquimula, tiene una extensión de 54 leguas, y se ensancha entre Guatemala y El Salvador hasta 40 leguas, en los puntos en que más lo divide del Sudsudeste, al Nornordeste, presentando un polígono irregular, cuyo fondo encierra *1,541 leguas cuadradas, según lo demuestra el plano*". Según Davidson (2006) este mapa "para Honduras parece haber [sido] el primero en presentar, a escala departamental, detalles de la geografía física (ríos, montañas), y de la geografía cultural (ubicación de asentamiento por jerarquía, caminos de acuerdo a su calidad, distancias entre asentamientos). (Ibid, 198).

El origen del mapa tiene un carácter oficial. Una carta firmada por José María Cacho al "Ciudadano ministro general del supremo gobierno del Estado", expresaba: "me he impuesto por su estimable fechada 29 del corriente en que el

Coronel Galindo se ocupa en reunir datos geográficos de esta República, con la mira de levantar el mapa de ella; y que el supremo gobierno considerando útil esta obra quiere que yo contribuya *franqueando el mapa del departamento de Gracias*. Tan luego como lo pueda poner en limpio tendré el gusto de remitirlo a disposición del Coronel Galindo..."[13]

El interés por esta región se manifestó por otra parte, a través de una exploración oficial a la Ruinas de Copán. El Gobierno Federal Comisionó al Coronel [Juan] Galindo en 1836. Este militar extranjero, quien en realidad se llamaba John Gallagher muerto violentamente en este mismo periodo publicó sus hallazgos en "las actas de la Real Sociedad Geográfica de París y en la Gaceta Literaria de Londres..." a expresión de John L. Stephen, diplomático y viajero estadounidense que visitó Centroamérica en esta época (Stephen, 2008, p. 127, 135 y 461).

En la historiografía de Honduras, Rómulo E. Durón ha sido el que más se ha interesado en el tema. También comenta a José María Cacho en "Reseña histórica de la ciudad de Gracias" ubicada en "Homenaje a la ciudad de Gracias a Dios" (1936) de Héctor Álvaro y Tito Pérez Estrada. Y ha Rafael Heliodoro Valle por "Semblanza de Honduras" (1947) y "La historia intelectual de Honduras" en la Revista del Archivo y Biblioteca Nacionales (Vol. XXVI, p. 390).

La bibliografía del siglo XIX sobre Honduras, además de ser escasa, esta personificada por extranjeros. La producción de este libro sería un primer intento intelectual por producir conocimiento propiamente por hondureños y debido a las difíciles circunstancias decimonónicas en Honduras, producida en el extranjero (París). Convirtiéndose así en un

---

[13] Carta de José María Cacho al Supremo Gobierno del Estado, 30 de octubre de 1832. Fondo Federal. Año 1834. Caja 1. Archivo Nacional de Honduras. Documento facilitado por el Dr. Pedro Quiel.

antecedente importante en la producción bibliográfica hondureña.

### José María Cacho 1800-1881

Conocemos algunos datos de interés sobre José María Cacho, de manera introductoria. Aunque contradictorio, no conocemos casi nada sobre él. Es más, lo que conocemos es gracias a lo escrito por extranjeros como Squier y Wells. Una fuente documental por conocer seria obtenida de una revisión en el Archivo Nacional de Honduras y archivos en Estados Unidos.

Sabemos por "Exploraciones y aventuras en Honduras" (1960) del viajero norteamericano William Wells publicado por el Banco Central de Honduras y el Editor de dicha obra, algunos datos sobresalientes de José María Cacho. Este norteamericano, esta vez motivado por ciertas noticias sobre la riqueza aurífera de Olancho nos dejó importantes datos sobre este hondureño.

Este Editor comenta que José María Cacho fue bautizado en la Catedral de Comayagua el 31 de octubre de 1800, "ciudad en la que seguramente nació pocos días antes, con los nombres de José María Quintín Onofre… siendo hijo legítimo de D. Juan Nepomuceno Cacho Gómez, Regidor Perpetuo del Noble Ayuntamiento de aquella ciudad, natural de Santander en los Reinos de España, y de Da. María Morejón, hija legitima de D. Antonio Morejón y de Da. María Orosia Tablada…". Según "expediente de limpieza de sangre de D. José María Cacho, seguido el año de 1816", Archivo de la Catedral de Comayagua. (Wells, 1982, p. 163)

José María Cacho pertenecía al cumulo de familias de origen criollo. Por el apellido de su familia, sus antecesores fueron una familia que gozó de posiciones sobresalientes en la sociedad de las postrimerías del siglo XVIII, con cierta notoriedad social, económica y cultural. Su papá Juan

Nepomuceno Cacho no solo fue regidor perpetuo, nombrado oficialmente en 1807, también ejerció una diversidad de funciones en la administración pública y se dedicó a actividades relacionadas al comercio. Fue Interventor de Alcabalas de Comayagua entre 1810-1811 y subdelegado de Hacienda en 1821. (García Buchard, 2021, p. 162, 235, 136).

Este editor nos confirma que Cacho nació en Comayagua. Sin embargo, no vivió una vida sedentaria. Probablemente se formó en Comayagua, aunque no tenemos evidencia de su carrera educativa, si es que la tuvo. Su prosa es elegante y su mapa de una calidad notable, según la referencia de Squier.

Su actividad política lo movilizarían por todo Centroamérica y Honduras. Cacho fue Intendente del departamento de Yoro en 1827 (Valle, 1932, p. 337). Representante de Yoro en la Asamblea Legislativa que se reunió el 4 de marzo de 1829 para tratar el asunto de guerra que se libraba por diferentes facciones, como la de Olancho y en los Puertos del Norte (Omoa y Trujillo). Se nombró Secretario General Interino en julio de 1829. Actividades que lo introdujeron al mundo político. (Vallejo, Compendio de la historia social y política de Honduras, 1882, p. 378).

Fue Jefe político de Gracias 1832-1834 e importante aliado de Francisco Morazán en el proyecto Federal. Fue Ministro general de Gobierno en 1835 y miembro de la "Asamblea Ordinaria del Estado de Honduras" quien en 1838 convocó a una "Asamblea Constituyente para que revea y reforme la Constitución particular del Estado" del 11 de diciembre de 1825. (Durón, 1914, p. 409).

Fue parte de los acompañantes del exilio de Morazán después de su derrota en 1840. Fue Coronel en el ejército cuando el fusilamiento de su líder, que en una movida política negoció la libertad de algunos "patriotas" entre ellos José María Cacho. (Compañero de Morazán, don José María Cacho en la emigración, 1969, p. 47).

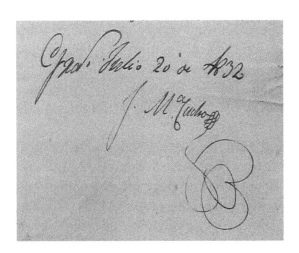

***Firma José María Cacho, 1832.***

En esta travesía, se encontró con José Trinidad Cabañas y muchos otros políticos con quien compartió correspondencia. Es seguramente a través de sus lazos políticos y familiares que fue escalando en muchos sentidos durante el régimen federal. José María Cacho fue reacio a mantener el régimen federal y las ideas antimonárquicas. Su esposa fue "Rosalía Lozano, hija natural de Margarita Lozano, suegra de Morazán". (García Buchard, 2021, p. 190).

Regresó al El Salvador en 1841 aun como exiliado y sin obtener "pasaporte del Gobierno ni de los demás de la Unión como está acordado en los tratados… Por tal motivo el gobierno dispuso que fuese lanzado del territorio el referido señor Cacho, y que se le diesen cincuenta pesos para aliviarlo en sus necesidades que tuvo información eran apuradas… y no habiendo en arcas un solo real, el Ministro de relaciones negoció sobre su crédito aquella cantidad y la remitió a la señora esposa de Cacho, quien al siguiente día la devolvió, manifestando que nada quería de un Gobierno que lo trataba de una manera cruel e indebida… ¿Es esta la manera de corresponder al Gobierno? No será extraño que estos mismos

Señores creyéndose como los reyes godos con títulos del Cielo para mandar la tierra, quieran perturbarnos por el derecho de dirigirlo exclusivamente como dueños de la cosa pública y de los destinos del pueblo Salvadoreño" (Compañero de Morazán, don José María Cacho en la emigración, 1969, p. 97-98).[14]

William Wells explica que conoció a José María Cacho. Por este sabemos que, llegada la década de 1850, Cacho seria uno de los promotores de nuevas propuestas políticas como la inmigración e inversión norteamericana en Honduras, la amortización del peso hondureño al valor del dólar estadounidense y en la comunicación interoceánica por Honduras a través de un camino de Hierro.

Los comentarios de Wells, aunque parcializados nos remiten a un Cacho de personalidad publica y erudita. Cacho fue ministro de Hacienda en el gobierno de Cabañas (1852-1855) en donde desarrollaría una nueva intentiva fiscal y un acercamiento diplomático con Estados Unidos. "Entre las muchas personas con quienes cambié visitas estaba el señor Cacho, ministro de Hacienda, como de sesenta años, bien preparado intelectualmente, patriota y entusiasta liberal. Este señor, químico y político, es además, propietario de varias minas de cinabrio en el departamento de Gracias, que con ansiedad deseó que yo visitara. El señor Cacho se inclina fuertemente a favor de la inmigración norteamericana en Honduras, y así me lo expresó en varias ocasiones" (Wells, 1982, p. 163).

---

[14] Primariamente publicado: Correo Semanario del Salvador. San Salvador, Abril 21 de 1841. Núm. 42.

## José Trinidad Cabañas[15]

Según Wells José María Cacho es "el hombre de más ciencia en Honduras". También hace saber que entre él y Cacho hubo una fluida correspondencia. José María Cacho estaba interesado en conocer procesos para la extracción de diversos minerales en lugares que el mismo había descubierto; minas de azogue, cinabrio, oro y plata. "En una carta que él me envió desde los llanos de Santa Rosa el 23 de febrero de 1854, me pedía una descripción del método de trabajo que se usaba en la mina de azogue de New Almadén, California, porque él había localizado varias minas de cinabrio en el departamento de Comayagua." (Wells, 1982, p. 329).

Este viajero llego a Honduras en el boom de la explotación de oro en el pacífico de Estados Unidos. La misión de Wells era la descripción y descubrimiento de recursos auríferos en el departamento de Olancho. Firmó un acuerdo comercial con

---

[15] D. José Sotero Lazo, pluma y tinta que retrataron la nación del siglo XIX. Viajeros del siglo XIX: Wells. Galería Virtual de las Artes, exposición permanente. UNAH.

la familia Zelaya. Su misión no fue continuada. Un aporte especial de Wells es que hace saber la inclinación de nuestro autor por las ideas. Wells dice que obtuvo diferentes artículos escritos por Cacho de contenido histórico sobre Centroamérica (Wells, 1982, p. 124).

En las evidencias dejadas por Wells, menciona que José María Cacho presenció el examen final para la obtención del Bachillerato de Juan Venancio Lardizábal en la Academia Literaria de Tegucigalpa en 1854, cuando ejercía como ministro de Hacienda. Tuvo lazos con el padre José Trinidad Reyes e Hipólito Matute, el primero fundador de la educación superior en Honduras y el segundo, rector de dicha Academia, hoy Universidad Nacional Autónoma de Honduras UNAH. (Wells, 1982, p. 179).

Cabe resaltar el espíritu intelectual de José Marica Cacho. Ambos viajeros citados, especialmente Squier lo catalogan como un hombre de ciencia, de esta manera:

"Después de la independencia, don José del Valle, y posteriormente don Alejandro Matare, dedicaron su atención al estudio del país, bajo su aspecto físico, y a la reunión de datos ilustrativos sobre su riqueza y condición política; pero excepto una memoria sobre el canal de Nicaragua, y una breve lista cronológica de algunos acontecimientos históricos de Centro América, no tenemos nada de Marure, aunque se dice que escribió bastante en común con Valle, respecto de todo.

El único nombre que merece ser mencionado es el de don José María Cacho, como el único hijo de Centro América que ha emprendido *un trabajo completo del departamento de Gracias*. Sus breves notas acerca de él, son de gran interés, y pueden servir como un modelo que deben seguir sus conciudadanos"[16]

---

[16] Apuntamientos sobre Centro América Honduras y El Salvador / Ephraim E. Squier —la ed.— Managua: Fundación VIDA, 2004, p. 44. Subrayado por nosotros.

José María Cacho también se desenvolvió además de la política y la estadística, a su vocación como hombre de empresa. Por ejemplo, habría motivado varios proyectos mineros. Entre otros, relata Wells esta la empresa instalada en El Espumoso, "un rápido y remolino del El Guayape que está a medio camino entre El Murciélago y la aldea Alemán" perteneciente a las tierras de la familia Zelaya en Olancho, "disuelta debido a las revoluciones" (Wells, 1982, p. 368-369).

El Espumoso, 1857[17].

El Gobierno de Cabañas fue el primero en enviar un hondureño como diplomático a Washington. Y también el

---

[17] Ibidem.

iniciador de las negociaciones para la construcción del Ferrocarril Nacional; en un fallido intento de consolidación republicana, la integridad nacional y las relaciones diplomáticas.

La primera contrata del ferrocarril Nacional y muchas concesiones fueron firmadas por este personaje tendientes al liberalismo político y económico. En esta misma época, Cacho firmó una concesión en que el Estado dispuso conceder una compra de tierras a solicitud de Agustín Follin cónsul de Estados Unidos en Omoa, pero en la Isla del Tigre. (Mejía, 1971, p. 65-70).

El Gobierno de Cabañas despertó recelos en Guatemala y fue invadido por Rafael Carrera. Al parecer apresuro la guerra dada la conflictividad con los intereses comerciales de la elite en Guatemala, el imperio británico y el papel de los Estados Unidos. José María Cacho fue encarcelado y enjuiciado por malversación de fondos públicos en la caída del gobierno de Cabañas (Wells, 1982, p. 462).

Es posible que se haya instalado en El Salvador, o que se haya retirado a Estados Unidos por una temporada. Mantuvo correspondencia con León Alvarado, quien llevaría su trabajo a Europa para su edición de 1857.

Datos reunidos de él, es posible existan en las publicaciones como la Gaceta de Honduras y El Salvador y en los innumerables documentos del siglo XIX -aun sin clasificar- en el Archivo Nacional de Honduras.

De una edad avanzada (81) murió en el puerto de La Unión, El Salvador, el 11 de diciembre de 1881. "Hombre de alto talento el Señor Cacho, de una instrucción tan variada como solida i de un corazón magnánimo i jeneroso, estas relevantes cualidades, lo hacían estimabilísimo en la vida privada, i le dieron posición i merecido renombre en su larga i laboriosa vida pública. Modelo cabal del viejo patriotismo i de las más grandes virtudes..."[18] (Don José María Cacho, 1968, p. 27).

## CONSIDERACIONES FINALES

El "Cuadro estadístico, corográfico e histórico del Departamento de Gracias" (1834) y la figura de José María Cacho nos remite a una búsqueda de una mayor investigación documental que nos brinden datos sobre los hondureños del siglo XIX, especialmente a aquellos que se dedicaron a producir información, como lo es este caso particular en toda Centroamérica; José María Cacho.

El trabajo de Cacho es una evidencia de la preocupación por adquirir información en un contexto diferente al antiguo régimen, motivados por una nueva forma de gobernar y nuevas propuestas políticas, como la introducción del liberalismo en Centro América.

El carácter de su pluma y la perspicacia intelectual manifestada en la geografía y la historia colocan a Cacho como una persona interesante por estudiar. Y a plantearnos a conocer otras figuras que vivieron en este siglo y fueron importantes en su espacio y tiempo. Resalto que José María Cacho es hondureño. Y su libro un hito especial en la historia del libro hondureño.

Su Mapa es importante para la historia de Honduras y su región occidental, debido a su ejemplo singular. Las fuentes documentales de este periodo en su mayoría no se han consultado. Especialmente me pregunto por qué José María Cacho fue olvidado por la segunda revolución liberal impulsada a finales de siglo XIX. Resalto la visión de este autor sobre la historia de Gracias:

---

[18] Reproducido primariamente en La Paz. Tegucigalpa, diciembre 7 de 1881. No. 221.

"Debió haber sido la población de estas comarcas muy numerosas antes y pocos años después de la conquista, cuando para resistir la invasión de los españoles, reunieron treinta mil hombres de pelea procedentes de doscientos pueblos, según se verá en la parte histórica de esta memoria, debiendo entenderse: que en esta cantidad de personas y pueblos, no se contaron más que los del distrito de Cerquín, que ahora es uno de los diez del departamento; pues los que están hacia al septentrión, es creíble que no resistieron, por no hacer mérito de ellos la historia.".

# BIBLIOGRAFÍA

Cacho, José María (1857). *Resumen estadístico, corográfico e histórico del Departamento de Gracias precedido de un Compendio Elemental de Estadística.* París. Imprenta de P. A. Bourdier y Co. Calle Mazarine, 30.

Cacho, J. (25 de noviembre de 1908). Cuadro estadístico, corográfico e histórico del Departamento de Gracias. *Revista del Archivo y Biblioteca Nacional de Honduras, IV* (15-16).

Compañero de Morazán, don José María Cacho en la emigración. (enero de 1969). *Anales del Archivo Nacional* (5).

Davidson, W. (2006). *Atlas de mapas históricos de Honduras.* Managua: Fundación Uno.

Don José María Cacho. (julio de 1968). *Anales del Archivo Nacional* (3).

Durón, R. (1914). Efemérides, 1833; 363. *Revista de la Universidad* (n.2), 112.

García Buchard, E. (2021). *De una élite regional a una fracción Política.* Tegucigalpa: Ediciones Subirana.

Mejía, M. (1971). *Trinidad Cabañas. Soldado de la República Liberal.* Comayagüela: Imprenta Cultura.

Serranías de Gracias. (1947). En R. Valle, *Semblanza de Honduras* (pág. 39). Tegucigalpa: Calderón.

Squier, E. (2009). *Honduras. Descripción Histórica, Geográfica y Estadística de esta República de la América Central,* Tegucigalpa: Editorial Cultura.

Stephen, J. (2008). *Incidentes de viaje en Centroamérica, Chiapas y Yucatán.* Tegucigalpa: Cultura.

Vallejo, R. (1882). *Compendio de la historia social y política de Honduras.* Tegucigalpa: Tipografía Nacional.

Vallejo, R. (1997). *Primer anuario estadístico correspondiente al año 1889.* Tegucigalpa: Editorial Universitaria.

Wells, W. (1982). *Exploraciones y aventuras en Honduras.* San José: EDUCA.

# CONTENIDO

CACHO, UN HOMBRE QUE AMÓ A HONDURAS ...............1

PRÓLOGO..........................................................................3

ELEMENTOS DE ESTADÍSTICA .......................................7

RESUMEN ESTADÍSTICO, COROGRÁFICO E HISTÓRICO DEL DEPARTAMENTO DE GRACIAS.........21

MAPA ITINERARIO DEL DEPARTAMENTO DE GRACIAS FORMADO EN 1834 POR EL CIUDADANO JOSÉ MARÍA CACHO ............................................................37

Milton Keynes UK
Ingram Content Group UK Ltd.
UKHW032218231124
451423UK00014B/1409

# This is a...

Written by Charles Thomson
Photographed by Robert Pickett

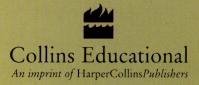

Collins Educational
*An imprint of HarperCollinsPublishers*

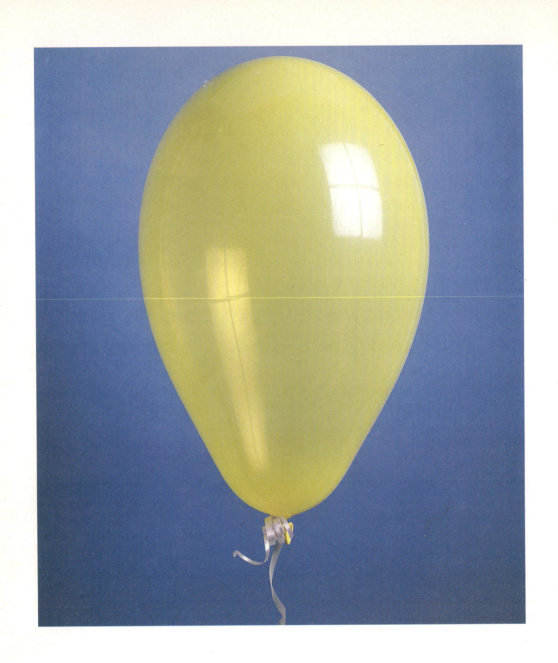

balloon.

# This is a...

present.

# This is a...

5

cake.

# This is a...

party!